Yves Parrend

PLACE DES PALMISTES

Poésie

Edition : BoD - Books on Demand
12/14 rond-point des Champs Elysées, 75008 Paris
Imprimé par Books on Demand GmbH, Norderstedt, Allemagne
ISBN : 9782322035199
Dépôt légal : Avril 2014

FELIX EBOUE

Naissance à Cayenne

Pour ce fils d'orpailleur

Le lycée à Bordeaux

Bientôt administrateur en chef des colonies

Et la passion de l'Afrique

Le langage et les peuples

L'Oubangui-Chari pendant 20 ans

D'un travail inlassable

Le développement d'un territoire

Comme si c'était le sien

L'initiation maçonnique entre l'équerre et le compas

Après le secrétariat général en Martinique

Le Soudan français

La Guadeloupe

Le voici gouverneur du Tchad pour de grands travaux

Et bientôt artisan de la France Libre

La volonté de maintenir le Tchad dans la guerre

Gouverneur général de l'Afrique équatoriale

L'estime du Général de Gaulle signant les trois décrets

La Conférence de Brazzaville sur la décolonisation

En mai 1944 le malaise au Caire

La congestion pulmonaire

Le compagnon de la Libération

Désormais au Panthéon

CHANT D'OISEAU AU MATIN

Dans l'air saturé d'humidité

Les trilles

Du kikiwi

D'une petite femelle au ventre jaune

La tête couronnée de blanc

D'un oiseau familier des hommes et des zones urbaines

Celui-ci posé sur le grillage qui entoure

Le mess des officiers

Petits cris stridents

Bruyant

Comme pour marquer son territoire

Et qui sait

Agressif

Au point qu'on l'appelle le tyran

Le cri insistant que nul ne peut ignorer

Comme une forme de passion d'exister

De joie dans la compagnie des hommes

D'impérieux besoin de se rappeler à eux

De partager avec eux le temps qui passe

L'air qui vibre dans le vent

Les rayons du soleil

A chaque journée

Une salutation enthousiaste

Mille fois réitérée

VUE SUR L'ATLANTIQUE

L'océan pour frontière

A perte de vue

Au rythme des mouvements de l'eau et des marées

Dans le cycle lunaire

Et pendulaire

Et l'étrange retrait constaté depuis plusieurs années

Les panneaux en bordure de ville

Indiquant

« Baignade interdite »

Quelques centaines de mètre s à l'intérieur des terres

Les bois ramenés sur la grève

Flottant au gré des vagues

Et du ressac

Les racines des arbres les pieds dans l'eau

Grise

Couleur du ciel en ce jour-là

Ni accueillante

Ni hostile

L'appel du large

Et du voyage vers d'autres mondes

La terre jouant avec les flots

Bornant l'horizon des maisons du littoral

Les habitants

Des anciennes maisons coloniales

Dominant le rivage

Le regard absent
Le verbe d'une douce complicité
L'odeur des embruns

TERRE ROUGE

Voiries tout de noir vêtues
De bitume et d'asphalte
Longs rubans courant le long de la côte
Pour mener d'une ville à l'autre
D'une commune à l'autre
Sur une bande terre profonde
D'à peine quelques kilomètres
Urbanisation sur la façade maritime
Comme gagnée sur la végétation
Toujours tentée de reprendre ses droits
Contestant aux terres arables
Leur maigre superficie
Comme un défi lancé à l'agriculture
Les hommes gagnant sur la forêt de quoi
Cultiver quelques arpents de terre
Et se nourrir
Développer quelque économie vivrière
Et vendre au marché les agrumes
Et le manioc
D'extraordinaires rendements
Entre pluies et chaleur
Produire plusieurs fois dans l'année
Dans un corps-à-corps sans merci avec la poussière
Rouge de la latérite
De quoi arracher au sol

L'espoir des lendemains
Et s'en satisfaire

PARESSEUX

La ville de Cayenne

Est en émoi

Car les paresseux ont mis bas

Des petits

Nouvelle remarquable

Que l'on attendait avec impatience

Sorte de bon présage

Pour l'homme

Que la fécondité

De ces Mammifères

De la famille des xénarthres

Au poil long raide et rêche

Deux doigts aux pattes antérieures

Et trois aux pattes postérieures

Se nourrissant des feuilles coriaces du cecropia

De brindilles

De bourgeons

De racines

De petits insectes

Et parfois d'oisillons

La lenteur pour compagne

Le sommeil

En haut des branches

Comme une sécurité de canopée

Le regard attentif

Et comme résigné

A prendre la vie comme elle vient

Suspendus à l'envers

Un étrange sourire

Au coin des lèvres

Célébrant la saveur de l'harmonie

Au cœur de la nature

Comme un don particulier

A vivre alangui

Immobile

Dans l'engourdissement

Et la moiteur végétale

MESS DES OFFICIERS

Rue des casernes

L'ensemble impeccablement tenu

D'une construction neuve

Aux allures d'hacienda

Le tourisme en discipline

Au pied de la colline

L'hostellerie comme une étape obligée

Un point fixe

Un lieu de repos

A la descente d'avion

Aller déposer ses bagages

En ville mais dans l'espace clos

Du mess entouré

Par l'enceinte murée

Grillagée

Pour protéger le travail

La rencontre

Le sommeil des clients en uniformes

Des trois armes

Sur la terrasse

L'accès à internet et la consultation des mails

Comme lien indispensable avec l'extérieur

La métropole

La famille

Les amis

En bordure de caserne

Sous le regard d'un soldat en faction

Attendant la relève

Tandis que sonne le téléphone au bureau d'accueil

Et que la photocopieuse imprime les factures

Et les réservations

Par numéro d'ordre

CHAMBRE 6 « Sibérie »

Fenêtre sur rue

De la salle d'eau

Fermée de jalousies

Fenêtre sur terrasse

De la pièce

Obscurcie par une cotonnade imprimée

De couleur claire

L'espace de vie pour quelques jours

De quoi prendre quelque habitude

S'installer

Et s'allonger sur le lit

Pour en apprécier la dureté

Et se reposer

Ôter sa chemise puis la remettre aussitôt

Et couper hâtivement l'impression de froid relative

Provoquée par le souffle de la climatisation

Se rappeler soudainement le nom de la pièce

Comme l'illustration même

Des variations de températures

Entre l'extérieur et l'intérieur

Le naturel et le domestique

L'espace ambiant et le confinement

De ces quelques mètres-carrés

Au sol carrelé

La télécommande du téléviseur posée

Sur la table de chevet

Apprécier

Le confort des équipements

Et la présence du petit réfrigérateur

Sur lequel est posé le guide de la Guyane

Département français

Et quelques feuillets d'informations pratiques

L'Amérique du sud ouvrant sur le bar et la piscine

L'essentiel étant d'être là

D'avoir relevé le défi d'imposer ce voyage

Comme une nécessité

Presque comme une évidence

METEO du 18 DECEMBRE 2012

Awala   23°C/31°C   nuages et pluie

Kourou   23°C/31°C   nuages et pluie

Cayenne   23°C/31°C   soleil et éclaircies

Maripassoula   22°C/32°C   temps couvert et orageux

Saint-Georges   23°C/31°C   soleil et éclaircies

Saint-Laurent   22°C/31°C   temps couvert et orageux

Faible évolution sur les prévisions à trois jours

L'équateur en deux saisons

Pour le jardin d'Eden

RHUM DE GUYANE

Verre en main

Sur le canapé de rotin

Recouvert de coussins de couleur beige

La dégustation entre amis

Rhum blanc de Guyane 50°

La Belle Cabresse SàRL

Rhums

De Saint Maurice

De Saint-Laurent du Maroni

Rhum agricole

La Cayennaise

Ambré

En affiche créole

La douceur en bouche après production

Cinq étapes de fabrication

Broyage pour extraction du jus de canne ou vesou

Fermentation

Distillation

Assemblage

Vieillissement

Les épices pour l'ornementer

Au palais

La saveur profonde

Des senteurs automnales

FAIT DIVERS

Visite chez la grand-mère

Pour l'adolescente

Habituée à s'y rendre

Et à partager l'affectation

De sa famille

En sécurité apparente

Y entendre les mélodies des chants traditionnels

Joindre l'innocence à la confiance

Jusqu'au geste inconsidéré

Pour brûler des herbes folles

Alentour

Activer le feu avec de l'alcool

Asperger la fillette

Aussitôt incandescente

Les brûlures multiples

L'accident domestique

Une fillette gravement brûlée à Matoury

JUS DE MANGUE

Fin de journée

Dans la chaleur persistante

De la saison sèche

Collation sur la terrasse

Construite en position dominante

Boissons à volonté

Aux paroles futiles

Et comme sans importance

Jus de fruit versé généreusement

Dans les verres translucides

Saveur douce

Du liquide épais coulant dans la gorge

Et qu'on avale avidement à grandes gorgées

Le goût sur la langue

La douceur sirupeuse

Non loin de là

Les feuilles persistantes

Brillantes et comme vernissées

De cet arbre de grande taille

Au fruit charnu à chair jaune

Orangée

Sucrée

Faisant corps en son centre avec le noyau plat

Ovale

Blanchâtre

Adhérant solidement à la chair

La peau épaisse mêlée de rouge

A présenter le cas échéant

Retournée et coupée en petits cubes

Un breuvage liquoreux

A servir bien frais

Avec deux glaçons

L'œil rivé sur l'écran de télévision

Retransmettant la nuit des arts martiaux traditionnels

De Guyane

AUMONERIE MILITAIRE

Rigueur des uniformes

Douceur pastorale

Attention portée à chacun

A chacune

De ces militaires

Chargés de surveillance

Sites stratégiques

Objectifs de défense nationale

Spiritualité

Ecoute

Et célébration

L'homme de Dieu au plus près des troupes

L'humaine condition

Du quotidien de tensions parcourues

Contradictions

Nostalgie

Eloignement de ceux qu'on aime

Souvenir

Prêt à tout dans l'instant même

L'ordre de partir en opération

Surveillance des frontières

Protection des personnes et des biens

Le courage dans la gestion des risques

Ne rien laisser paraître

Faire corps

Sur la table les espèces à partager

La consécration épiclétique

Dans le bruit du moteur d'hélicoptère

Les fusils d'assaut de la manufacture d'armes de Saint-Etienne

A portée de main

PLACE DES PALMISTES

Place de l'Esplanade

Les gradins métalliques

Et les cannettes de bière

Statue de Marianne ayant le visage de Charlotte Corday

La reine Charlotte symbole de la République

Les Colonnes du gouverneur Chanel ornant la façade du
Conseil général

Le Monument à Félix Eboué

Domaine public

Mobilier urbain

Classement

Devallière architecte

Gordon sculpteur

D'un côté les boutiques d'artisanat

 De librairie

D'objets en bois

De tissus de Madras

De l'autre l'ancien hôpital

Désaffecté

Bientôt Musée de la mémoire et de l'histoire

De la Fête à la revendication

La foule en liesse

Ou au contraire

Le deal pour trafic de drogue

L'herbe rase et éparse au terme de la saison sèche

Les cabanes à punch

Les boîtes à friandises

Le pas que l'on hâte pour aller jusqu'au bureau de poste

Prendre sa place dans la file d'attente

Qui s'allonge sur le trottoir

PETIT LEXIQUE[1]

Dilo tonbé pou ka ranmassé : L'eau tombée ne se ramasse pas

Pardon pa ka guéri boss : demander pardon n'a jamais guéri la bosse

A lô ou antré landan oun kaz ou ka savé koté so boukié ka tonbé : c'est lorsque vous pénétrez au fond d'une maison que vous découvrez la place de la gouttière

Roumed chouval ka tchoué bourik : le remède qui sied au cheval peut être mortel pour la bourrique

Dilo bouilli posson konfians fini : poisson qui a bouilli dans la marmite n'a plus confiance dans l'eau

---

[1] Cité par Auxence Contout

ARTISANAT

Poteries de terre

Couverts de bois

Sacs en tissus colorés et madras

Travail des mains pour l'économie domestique

Doigts agiles

Et précis

Activité de petits ateliers

Fournissant les marchés locaux

Pour touristes et visiteurs

Le besoin d'exotisme

Tandis que le monde change

Que les entreprises se développent

Aux techniques dévolues

De carrelage chauffage et sanitaires

Electricité et mécanique

Charpente et plomberie

Maîtres et apprentis

Dans le quotidien d'une société qui se complexifie

En même temps qu'elle gagne en confort

Et développe ses systèmes de sécurité

L'emploi comme conséquence

Et non comme condition

L'initiative privée moteur du développement

Et la capacité d'entreprendre

Comme condition de la croissance

Produire de la richesse et des services

Répondre sur place aux besoins exprimés

Pour éviter une trop grande dépendance

A l'égard de la métropole

Et construire si possible l'avenir sur des bases plus solides

TORTUE LUTH

Ponte des tortues marines

Olivâtres

Sur les plages de Cayenne et Remire-Montjoly

Carapace en forme d'instrument de musique

Mélodieuse évocation de la vie

Comme un legs pour les générations à venir

Halte décisive pour la transmission de l'espèce

Œufs enfouis dans le sable

Jusqu'à l'éclosion

La lutte contre les éléments

L'appel de l'eau

De l'immersion dans l'immensité

Rassurante de l'océan

Sorte de pèlerinage mémoriel

Reproduit à chaque cycle

Comme une urgente nécessité

De préserver l'espèce

La mort donnée avec la vie même

La peur des oiseaux prédateurs

La course effrénée

Pour survivre

Sous le regard des hommes attendris

Tout faire pour

Le sauvetage d'un animal menacé de disparition

Objet d'étude

Perspective de protection de la nature et du biotope

Préservation de la nécessaire diversité

AMAZONIE

A vingt ans d'intervalle

Le même sentiment de moiteur

D'étrangeté

Face à l'immensité

L'humidité permanente

La densité végétale

La Canopée et son couvert

Comme lieu de vie

Pour les populations indigènes

Tribus en harmonie avec la nature

Décrites par Claude Lévi-Strauss

Objets d'études pour ethnologues et anthropologues

Minorité en danger

Entre exploitation forestière industrielle

Et défrichement

Végétation luxuriante

Assurant pour une part l'oxygène dans l'atmosphère

Millions d'hectares de terre

Situés entre équateur et tropique

Une sorte de paradis ou d'enfer

C'est selon

Les hévéas et le caoutchouc

La richesse du sous-sol

Les diamants et les mines

La violence des aventures qu'on ne maîtrise pas

Des limites inconnues

Des profits exorbitants

Le présent en train de se construire sous nos yeux

L'incertitude de l'avenir

Dans la confrontation des hommes et des lois

L'apprivoisement

La domestication

Entre fleuves et nuages

L'arme au poing

HMONGS

Arrivée dans le contexte des guerres d'Indochine

Le parti-pris des français

Des américains

Les persécutions

L'isolement

Le fait minoritaire

Et l'exil en 1977

La création des villages de Cacao

Puis de Javouhey en 1979

Et le maintien des traditions

En dépit des ruptures

Pour ces agriculteurs

Une langue transcrite en langue romane par le pasteur Barney

Et le linguiste Smalley

Mille hectares défrichés à Cacao

Le rôle remarquable des prêtres Jacques Brix

Yves Bertrais

René Charrier

Quatre-cent hectares à Javouhey

Le rôle de Pierre Dupont-Gonin

Ancien inspecteur des douanes en Guyane

Et adjoint à Vientiane du gouverneur

Au temps du protectorat français

Quant aux mœurs la polygamie

Quant au folklore la beauté des costumes

Quant au quotidien l'exigence d'autosuffisance alimentaire

La vente sur les marchés

Jusqu'à Cayenne

Une étape nouvelle

Pour un petit peuple transplanté loin de chez lui

Les études supérieures pour les plus jeunes

Le sourire au quotidien

Au cœur d'une stratégie de survie

LES FUSEES DE KOUROU

La trajectoire

Comme un fil d'Ariane

Thésée en quête de réussite

De défi

Au dédale des circuits imprimés

Le Minotaure pour challenge

Comme un monstre

Une création d'imaginaire

Sur l'équateur le pas de tir

Sous la direction de Minos

Livrant la technique

Aux destins empiriques

L'humanité mène

Offerte sur l'autel de la passion

La beauté des formes

Face à la barbarie des sons

Des fumées

Des étincelles

Au fond de la fosse

En béton

La poussée formidable des réacteurs

Bâtiment d'intégration et d'assemblage

Voie d'acheminent du lanceur

Réservoir d'eau

Pas de tir

Mettre voile hors de portée des Crétois
Aller à la rencontre de la destinée
Epouser en Guyane une fille de Minos

CACAO

Nom de fruit pour un village

Fèves entourées de mucilage

En cabosse

Comme citoyens réunis

Par la loi et les règles de la vie sociale

Autant d'individus

Pour une communauté

De saveur et d'humeur

Le planeur bleu

Qu'on visite entre entomologie archéologie et ethnologie

Le marché du dimanche

Le repas à l'abri des tentures

Le long des maisons aux toits de tôle ondulée

Résonnant les jours et les nuits de fortes pluies

Les couleurs de rouge et de brun mêlés

Les cris des enfants

Dans l'insouciance de leur âge

Le bonheur sur les rives de la Comté

Où l'on pêche les carpes et les aïmaras

Les piranhas et les poissons tigres

Les poissons électriques et les raies

Les bateaux à pirogue attachés sur la berge

Et la crique offerte à la baignade

TAKI – TAKI

Langue créole à base anglaise

Bushi-nengé Tongo

Ou langue des hommes des bois

Langues bushinenguées

HÔTEL PREFECTORAL

Couleur blanche reflétant la lumière

L'immense bâtiment

A l'allure coloniale

L'évocation du passé et de la mission

L'architecture comme témoin

De la présence de la France

Au milieu du siècle des lumières

Le temps des aventuriers

Des missionnaires découvrant

L'extrémité du monde

La moiteur et le paludisme

Un témoignage de puissance au cœur de cette étrange fragilité

La beauté des pierres pour dire le rayonnement

Des congrégations

Le pavillon de garde

L'escalier d'honneur

Le jardin intérieur comme un lieu d'harmonie

La mémoire des Jésuites

Et de Philippe d'Huberland

L'ancien couvent devenant hôtel du gouvernement

Cabinet de préfet

La façade à colonnes

Comme référence séculaire

EAU COURANTE

Jour de fête

Ce 18 avril 1867

Lorsque coula dans la ville

Le précieux liquide en sa transparence

Espérée comme une obsession

Une nécessité de vie

Le plateau du Mahury comme réservoir d'eau

De l'estuaire à la baie de Montravel

La création des lacs

De Rorota

Rémiré

Et Lalouette

Du nom de l'ingénieur de Ponts et chaussées

Qui en eut l'idée afin de régler le problème de l'approvisionnement

De la population de Cayenne en saison sèche.

Arrivée de l'eau courante

Depuis les sources du Rorota

La vie quotidienne obtenant droit de cité

L'hygiène à portée de main

Et bientôt l'entrée dans un nouveau monde

COLOMBAGES

Le bois comme matériau

De construction

Pour les maisons anciennes

Et les immeubles

Au détour d'une rue

Au bord d'une place

Le long des façades décrépies

Evoquant la moiteur coloniale

Et la précarité d'une installation hâtive

La forêt comme seule richesse

La terre mélangée au mortier

En bon isolant

Séché comme pisé

Le torchis qu'on remue à pleines mains

Mélangé à l'herbe sèche et pâle

Bâtir en traditionnel

Evocation et survivance des deux ou trois siècles passés

Sur les toits la tôle ondulée

Aux longues veines couleur de rouille

CLIMATISATION

Sensation froide

Brusque changement de température

Lorsque la transpiration coule derrière la nuque

Et s'immobilise brusquement

Entre les omoplates

Au premier souffle

Du climatiseur

La régulation imposant son rythme

Le thermostat sa faconde

Entre deux témoins lumineux

L'air lent

Glissant entre les rainures de l'appareil

Posé sur la partie supérieure du mur

La réversibilité des fonctions

Laissant entrevoir une autre saison

Où le chaud et le froid alterneraient de façon différente

Et où perlerait sur la peau

L'exosmose des jours

Dans un accès de fièvre

Dans le délire acre et tumultueux

Des crises de paludisme

CENTRE DE RETENTION

A proximité de l'aéroport

Deux permanentes de la Cimade[1]

Pour accompagner les étrangers placés en rétention

Irréguliers

Sans papier

Passe-frontières maladroits

En attente de titres de séjour qui ne leur seront pas délivrés

Le dialogue âpre avec le Préfet

Pour la régularisation

De quelques-uns retenus manifestement là de façon abusive

Et même avec des enfants

Loin de la métropole

Ceux qui tentent leur chance

Dans un département français

Dans des conditions précaires

Dans l'attente prochaine

D'une reconduite à la frontière

D'un renvoi par contrainte de corps

Pour une nouvelle étape dans l'aventure d'une vie

L'espoir d'un avenir meilleur

Le soutien et la mansuétude

De quelques militants mi-juristes mi-travailleurs sociaux

La vigilance en bandoulière

---

[1] *Cimade : Service œcuménique d'Entraide*

Pour la défense du droit d'asile

Une sorte de solidarité nécessaire

Une éthique d'humanité

Le regard à travers le grillage

Et les mains sur le téléphone portable

Pour tenter de joindre un Conseil

Introduire un recours

Une ultime et décisive démarche

Pour rendre l'espoir

L'opposition des logiques des flux migratoires

Et des lois de la République

DECALAGE HORAIRE

Se jouer des rythmes biologiques

Des temps de sommeil

Lorsque les paupières s'alourdissent

Des temps de repas

Qui se compensent en fringales et petites collations

Pour poursuivre une activité sans interruption

De réunions en rendez-vous

 D'interviews en conférences

Et jouer avec la fatigue

Compenser par quelque halte dans la journée

Pour se mettre au diapason

Des résidents et se conformer à l'écoulement

Qui paraît lent

Des heures

Au cadran des montres et des pendules à quartz

L'évocation des mécanismes anciens

Au Musée du temps du Palais Granvelle

Jusqu'à savourer l'instant présent

Comme un accomplissement

Un don immatériel

SAINT-JEAN-DE-MARONI

Sur le fleuve le bagne

Le camp de la Relégation

Et ses détenus appelés communément « pieds-de-biche »

Comme autant d'outils utiles

Voire nécessaire

Au développement de l'activité locale

Au service de l'administration pénitentiaire

En d'autres termes un étrange statut

D'éloignement

De bannissement

Vivre loin de tout avec quelque accommodement pourtant

Dont l'autorisation donnée aux résidents

D'effectuer toutes sortes d'activités

Pour eux-mêmes

Une fois la tâche quotidienne effectuée

Place même au théâtre pour ces drôles d'acteurs

Privés du scénario de leurs vies

Multirécidivistes

Sous le coup de la loi de 1885

En relégation collective

Répondant à l'appel deux dans chaque journée

Ou relégués individuels en semi-liberté

Agissant –avec autorisation préalable-

A leur propre compte

Avec un mot d'ordre : Survivre

Dans l'espoir illusoire mais tenace de foutre le camp
Aujourd'hui casernement pour le régiment
Du service militaire adapté de Guyane
Entre formation professionnelle
Et développement économique
Pour engagés volontaires
Et volontaires stagiaires ou techniciens
Sur les ruines du passé
L'avenir au bout des doigts

BATAILLE DE LEPANTE

Il appartient aux hommes de prendre du recul

Avec les situations où ils sont placés

De se distancier

Par le jeu

L'imaginaire

Ou la lecture

Permettre à l'histoire de faire irruption

Au cœur

D'un programme chargé

Tirer les leçons et les enseignements du passé

Et parfois même

Comprendre

Et relativiser les destins des peuples et des hommes

Ainsi fut-il fait

Au récit passionné

De l'affrontement de Lépante

Synonyme de bataille navale considérable

Décisive

D'opposition entre Turcs et chrétiens coalisés

Suite à l'attaque de Chypre

Possession des Vénitiens

Flottes face-à-face ce matin du 7 octobre 1571

Galères dans le golfe

En combat titanesque

Jusqu'à la victoire

La tête d'Ali Pacha brandie au bout d'un pic

La main perdue de Cervantès

La supériorité technique des galéasses

Et de leurs canons pointés dans toutes les directions

La victoire de la Ligue sur la puissance ottomane

Décidant fort momentanément de l'hégémonie en Méditerranée

Dans l'enjeu incessant des luttes d'influences

REVOLTE

Dans le sens de l'histoire

Et comme en soubresauts

La révolte en protestation de dignité

Pour la liberté

Contre l'assujettissement

La dépendance

Inscrite

D'une génération à l'autre

Et la rupture avec le destin

La conscience

De soi

Des autres

Les Nègres Marrons

Descendants d'esclaves noirs

Hommes et femmes rebelles

Ou enfuis des plantations

Quittant les grandes propriétés et les petits propriétaires

Pour s'inventer un présent

Dans l'errance

Jusqu'à la sédentarité retrouvée

Au cœur de la forêt

Les arbres en protecteurs

La nourriture à portée de main

Autant que la colère

La fuite impatiente dans les montagnes

La peur d'être poursuivis

La réputation de brigands

Emportés par le retour à l'état sauvage

En attendant qu'une société nouvelle naisse dans la douleur

Redécouvrant les mots

La musique

Les caresses de l'amour

Et la culture des fétiches au bout des doigts

ESCLAVAGE

Sur les écrans des cinémas
Lincoln sous les traits de Daniel Day-Lewis
L'historique chronique de Steven Spielberg
Evoquant du grand homme
La lutte pour l'abolition de l'esclavage
La fin de la guerre de sécession
Le combat essentiel
Pour la dignité de tous
Un honneur d'humanité
Le dialogue des personnes de convictions
Tel Victor Schœlcher
Trônant au milieu
D'un rond-point
Qui mène vers le marché aux poissons
Que survolent quelques charognards
Toyota comme une haie d'honneur
Dans les vapeurs d'échappement
L'écho des clameurs
Du peuple noir
Ses cris sous les coups
Couvert par le bruit des voitures
Les hennissements des chevaux de cavalerie
Le temps de lire la dédicace que voici
Lorsque la République n'entend plus faire de distinction
Dans la famille humaine

Elle n'exclut personne de son immortelle devise

Liberté égalité fraternité

Sur un socle et comme un piédestal

Voici que deux hommes sont réunis

L'on n'ose pas croire

Pour l'éternité

PANNE AUTOMOBILE

Notre hôte est en retard

Retard de plusieurs minutes

Notre rendez-vous attendra

Que le dépannage intervienne

Détecte la panne mécanique

Fasse l'intuitif diagnostique

En vue de réparations opportunes

La voiture tousse le long des rues

S'arrête puis repart

En une progression chaotique

Crachant ses vapeurs d'échappements

Poussière dans le carburateur

Ou problème électrique

Electronique

Le regard interrogatif du conducteur

Le recours à l'appel téléphonique

Pour signaler l'empêchement

Le désagrément

Et différer la rencontre

A demain peut-être

L'arrêt inévitable

En bordure de trottoir

Sous le regard indifférent des passants

PENDULES

La forme circulaire

Des pendules est tout un programme

Image de la rotondité de la terre

Allégorie des cycles

Des mythes de l'éternel retour

Les aiguilles déclinant leur mouvement régulier

Comme autant d'invitation à la rencontre

A la patience

A la retenue

Cadence mesurée

S'égrenant en scansions alanguies

Au rythme des roues dentées

Et des mouvements à quartz

Autour d'un axe

Qui figure l'immutabilité

Des formes et des ordonnancements

Qui définissent le monde de toute éternité

Et balancent sans cesse

De la chronologie à l'immédiateté

Et suggèrent à l'infini

La confrontation des temps et des moments

Le goût de l'instant

VICTOR SCHOELCHER

Ce siècle avait quatre ans

Et c'était à Paris

Que naissait le grand homme

Brèves études à Louis-le-Grand

Avant de travailler

A partir de 15 ans

Dans la fabrique de porcelaines familiale

Rue du faubourg Saint-Denis

Premier voyage aux Amériques

Les Etats-Unis

Le Mexique

Et bientôt la publication en 1833 d'un texte fondateur

Au titre évocateur

De l'esclavage des Noirs et de la législation coloniale

Les voyages à travers l'Europe

Puis un autre ouvrage en 1840

L'abolition de l'esclavage

Examen critique du préjugé contre la couleur et les sangs-mêlés

Le second voyage aux Caraïbes

Et l'urgence d'une abolition immédiate de l'esclavage

Les voyages encore en Egypte en Grèce en Turquie

Les journées révolutionnaires de 1848

Le retour précipité du Sénégal

La nomination en qualité de Sous-secrétaire d'Etat aux colonies

La présidence de la commission d'abolition de l'esclavage

Le 27 avril jour du vote au terme d'un formidable combat

Le voici bientôt représentant du peuple en Guadeloupe et Martinique

Tandis que la roue tourne les 2 et 3 décembre 1851

Que Louis-Napoléon Bonaparte fait son coup d'état

Le refus et la résistance

Le destin du proscrit

La Belgique L'Angleterre

Le retour en 1870

La commission des barricades

Le comité des Alsaciens

La volonté de compromis

Elu à Paris en Guyane et en Martinique

Représentant du peuple

Un mandat de sénateur inamovible

Rapporteur des lois scolaires instituant l'école primaire gratuite et obligatoire

L'écrivain et biographe de Toussaint Louverture

Un notable à la fidélité sans faille à ses idéaux

La mort à Houilles

Un jour de Noël 1893

Un homme au Panthéon

Schœlcher une conviction

Une destinée

Comme il en est peu

Et qui nous honore

MAISON DES CULTURES ET DES MEMOIRES

Situé au cœur de la ville historique de Cayenne

Entre la place des palmistes et la mer

L'hôpital du nom Jean-Martial

Médecin lieutenant-colonel né à Cayenne en 1886

Dé cédé à Djibouti en 1945

Ancien hôpital colonial en voie de délabrement

Ensemble monumental

En attente de projet pour guérir

La mémoire

Pour promouvoir la culture

Dire le présent loin de la métropole

Le passé multiforme

Le patrimoine en réunissant les collections existantes

Du musée Franconie

Des archives départementales

Du musée des cultures guyanaises

Du service de l'inventaire

En point d'orgue la perspective d'intégrer

Le pôle du multilinguisme

Le fonds régional d'art contemporain

Une cinémathèque

Un lieu singulier à considérer comme patrimoine architectural majeur

Pour la promotion et valorisation de la diversité des expressions locales

Régionales

Patrimoine archéologique et ethnologique

Linguistique et immatériel

Et en regard

Le défi de l'éducation scientifique et technique

L'enjeu de la jeunesse et sa formation

La transmission des savoirs

D'une génération à l'autre

Lorsque le musée se fait pédagogue

Et donne un souffle nouveau

A la mémoire autochtone

A la quête des allogènes

MAIRIE JAUNE

Murs jaunes

Et façades jaune

De la mairie de Cayenne

Entourée d'une clôture à piliers hauts

Coiffés de chapiteaux carrés

Surmontés de petites pyramides de pierre

Tout autour la ferronnerie noire

En rappel sur les balcons qui dominent la rue

Et la cour

Sur le toit sombre les deux chiens-assis aux tuiles rouges

Entourant un troisième

Central

Fermé d'une horloge

Indiquant quinze heures et dix minutes

Les drapeaux accrochés à de longs mats

Flottant mollement

Dans le souffle des alizés

Les bâtiments annexes

D'un immeuble sans âge

D'où pourraient sortir

Quelque calèche tirée par des chevaux

Emportant vers un rendez-vous officiel et raffiné

Des dames aux robes de dentelles blanches

Dans l'ambiance des demeures coloniales

Des bourgeoisies opulentes laissant derrière elles

Dans le hall principal
Les ventilateurs à grandes pales
Tournant lentement
Au rythme de la fourniture d'électricité

ECRAN PLAT

Wifi

Box ou filaire

Consulter ses mails sur internet

Sur l'écran plat

Et rarement noir

De nos nuits blanches

La pièce centrale transformée en bureau

Ou s'entremêlent les livres

Les revues

Les CD et les DVD

Pour le loisir de la famille

Selon le goût de chacun

Et l'esprit du moment

Le fil du réseau

Comme un lien nécessaire

A l'autre bout du monde

La communication

Comme une nécessité

Familière

Voir les siens dans l'instant même

Avec Skype

L'image pixellisée

La voix saccadée

Le dialogue parfois interrompu

Et pourtant d'une incroyable densité

Lorsque l'un apparaît

De l'autre bout du monde

Voir les siens

Dans un contact maintenu

La fascination d'un univers de technologie

Qui a fait de la relation même

L'enjeu de son commerce

L'objet de sa virtuelle fraternité

COMME UNE CARTE POSTALE

Ce ne sont pas les palmiers sur l'océan indien

Mais bien d'autres paysages

Beaux et rudes

De ceux qui donnent envie de voyager

Mais non pas pour séjourner dans les clubs

Plutôt en aventurier

A la découverte

D'une nature encore sauvage

Et qui reprend ses droits

Entre deux saisons

L'une sèche

L'autre humide

De ce climat équatorial

Le littoral comme une frontière

Entre la terre et la mer

La rencontre de deux mondes

Ignorant les hommes

Et mus par leur propre logique

S'affrontant

Se jaugeant

Confrontés l'un à l'autre

Erosion contre alluvion

A l'embouchure des fleuves

Le bruit du ressac

Ou peut-être du vent dans les branches

Sifflant au sommet des collines

Comme venu du cœur de la forêt

Expression légendaire

D'esprits reclus

Bannis

Exilés

Et retrouvant le goût de la liberté

Dans une soudaine exultation

Impression sur papier d'un monde envoûtant

Fascinant

Suscitant l'émerveillement

Autant que la peur

Quelque chose de sacré

Non encore domestiqué

Emporté dans le mouvement

D'une force séduisante et rebelle

PIC A TETE ROUGE

Rouge cramoisi

La tête

Le cou

La gorge

Le haut de la poitrine

Qui contraste

Avec le partie supérieure des plumes de teinte bleu-noir

La beauté de la couverture alaire

Partie inférieure blanche

De même que le ventre

Ainsi que sus-caudales

Espèce répandue en Amérique du Nord

Et manifestement en train de coloniser

La partie centrale et bientôt méridionale

Du continent

Frappant avec le bec

Jusqu'à faire son nid

Et rester là

Sans souci de migration

Avec vigueur

Et précision dans le rythme de percussion

Pour que la femelle y dépose quatre œufs

Que le couple couvera deux semaines

Assidûment

Emettant

Des cris de « quirr » en série de cinq à sept notes

Comme signal de reconnaissance

Ou moyen de communication

Accompagnant les rituels de parade

Les révérences

Et les salutations

URUBUS

Spectacle étonnant que celui de ces oiseaux

Décrivant de grands cercles

Dans le ciel de Cayenne

Au-dessus du marché aux poissons

Les urubus noirs

Tête et pattes grises

Extrémité des ailes blanches

Sortes de charognards

Que les encyclopédies disent présents sur le continent américain

Des Etats-Unis à l'Argentine

Et qui font partie ici du paysage

Attendant leur nourriture

A l'heure de la fermeture

Guettant les invendus

Comme des compagnons du genre humain

Associé à l'écologie du milieu

A l'équilibre particulier d'un microcosme

De l'artisanat de la pêche et des produits de la mer

Volatiles de la chaîne alimentaire

Qui nous rappellent que chaque activité répond à ses propres règles

Que la nature impose immanquablement ses lois

Et s'invite généreusement au banquet de la vie

MARCHE

Les bâches bleues recouvrent les plateaux de bois

Posés sur des tréteaux

Alignés sur la place qui jouxte le marché couvert

Les paysans

Monghs pour la plupart

Vendent sur leurs étals

Les fruits et les légumes

Leurs récoltes

De quoi vivre quelques jours

Pour eux et leurs familles

Le négoce en monnaie européenne

A la sueur du front

Marché

Mercredi vendredi samedi

Patates douces

Courgettes et aubergines

Fruits exotiques aussi

Oranges et citrons à la peau verte

Et ces bananes courtes

Dont le nom

-Bacove-

Est affiché sur les petites ardoises

Au dessus de leur prix

Deux euros le kilo

-Bacove-

Fruit du bananier

Qu'on nomme ici Pacovera

Ou paco-aire

Répertorié au volume 37

Du dictionnaire des sciences naturelles

AVENTURIER BLANC

Quatre consommations servies

Sur la table métallique

Posée en terrasse

Sur le trottoir

Deux bières

Un jus de papaye

Un jus de mangue

Service stylé

Par un homme avenant

Une sorte de quinquagénaire

Au corps d'athlète

Au visage d'acteur américain

Devisant à l'aise avec les clients

Avec le naturel des séducteurs

Pour un dialogue sur le temps présent

Un silence comme un voile posé sur le passé

Dix ans au Brésil

Pour ce baroudeur

Aux manières d'aventurier

Parcourant le monde

Entre échec et réussite

Un possible chercheur d'or

Reconverti le jour en tenancier de bar

En gérant discret

Sans parler de la nuit

Dire suffisamment pour paraître affable

Et n'en dire pas trop

Pour ne pas se livrer

Ne pas se compromettre

Taire les ennuis avec la police

La prison

Et le besoin de se faire oublier

De refaire sa vie

Repartir à zéro

Dans un environnement où personne ne vous connait

Où cela au fond n'a pas d'importance

Gérant de bar à Cayenne

JOURNEE CREOLE A LA RADIO

Interview vers treize heures ce dimanche matin

Au studio

Quatre micros autour d'une ampoule

De couleur verte ou rouge

Selon que l'on passe ou non à l'antenne

Quatre-vingt-douze point zéro

Radio Guyane première

Cahier des charges

Définissant les missions[1]

Produire des programmes de proximité

Participer à l'interrégionalité

A travers la diffusion ou la coproduction

Avec Guadeloupe 1 et Martinique 1

Assurer une meilleure représentation de la vie sociale

Culturelle sportive musicale

Et économique

De la Guyane française dans la zone caraïbe

Latino-américaine et à l'international

Journée d'émissions en créole

Journalistes et techniciens

Devisant en leur langue

Pour le plus grand bonheur des auditeurs

L'actualité

---

[1] *En italique, quelques extraits du cahier de charge de référence*

L'évènementiel

Et les reportages préparés de longue date

Pour retrouver les racines

La saveur des mots et des locutions

Dans une atmosphère détendue et joyeuse

Comme marquée par une liberté plus grande

Dire les choses

Les gens

Les situations

En parlant d'abondance

Dans une forme de complicité

Inclusive

Et généreuse

CHANT CHORAL

Célébration à l'Eglise du Nazaréen

Dans le vaste édifice de béton

Et en présence

Des autorités représentées

De la préfecture

De l'armée et de la gendarmerie

La fête au cœur

L'esprit disponible à la parole d'exhortation

D'édification du prédicateur

Appelant à la communion fraternelle

En cette après-midi chaude

Toutes portes et fenêtres ouvertes

Les musiciens nombreux mi-dedans

Mi-dehors réunis

Dans la joie d'une contribution spontanée

Entre guitares et percussions

Le talent intuitif

Les improvisations géniales

Répondant aux mélodies structurées

Dans l'attention portée à l'ordonnancement

Souhaitable du moment

L'enthousiasme en effet modéré par la diversité des membres

De cette assemblée solennelle

Les chants pour exprimer et rythmer

La louange

Les mains levées

Dans la piété de Pentecôte

Ponctuant de larges approbations

Les paroles du prédicateur

Les intervenants se succédant

Dans un ordre impeccable

Les robes de couleur

Egayant de leur ample mouvement

L'austère consécration

La polyphonie des voix

Sopranes et Alti

Ténors et basses

Comme une évidente inspiration

Aux micros

Les accents rauques ou attendris

De la sincérité

Et de la rencontre des cultures

MAISON COLONIALE

Nostalgie du regard

Pour ce pavillon d'un ancien âge

A l'allure romantique

Posé élégamment

A quelque distance de la ville

Sur un coteau s'élevant en pente douce

En vis-à-vis de l'océan

Demeure bourgeoise

Au lustre d'antan

A l'évocation singulière

Du souvenir des mouvements familiaux

Des heures intangibles

D'une sorte de rituel

Renforcé par la ponctualité des personnels de service

Le bougainvillée à fleurs mauves

Ondulant sur la façade

Epousant habilement

La colonnade aux chapiteaux doriques

Comme un rappel notoire de l'âge classique

Des références littéraires

Lorsque les pages se tournent

Au souffle des cinq pales réversibles

 Du ventilateur de plafond Bermuda

En métal et bois de noyer

ESSAIM D'ABEILLE

Essaim sous la toiture

Propension du vivant

A vivre socialement

Jusqu'à constituer d'importantes colonies

Dans une étrange coexistence avec les hommes

Comme deux mondes juxtaposés

Le bruit

Le mouvement comme un nuage

Et la frénétique activité

A nulle autre pareille

Une sorte de hâte à poursuivre

Le labeur commun

Chacun/chacune étant solidaire de l'autre

Et comme dépendant/e

Jusqu'à l'arrivée des pompiers

Et la pulvérisation

De quoi endormir

La ruche

Et pouvoir s'en saisir

Avec les protections nécessaires

Pour confier à l'apiculteur

Le précieux cadeau

Entrer dans un univers singulier

Faire du miel

Commercialiser la propolis

Et les multiples dérivés
Entre terre promise
Et douceur des saveurs sucrées

CAYENNE

Les toponymes ont leur histoire

Parfois multiple

Où se mêlent les légendes et les évènements

A portée symbolique

Ou illustrant quelqu'épisode concret

Ainsi en est-il de la préfecture de Guyane

Que l'archéologie révèle dès le sixième millénaire

Par la présence amérindienne

S'installant peu à peu sur le littoral

Au terme d'une lente migration

Attestée au troisième siècle de notre ère

Christophe Colomb longeant les côtes en 1498

Comme pour prendre date

1539 les premières tentatives de colonisation

Les luttes entre les puissantes européennes

Pour le contrôle de ces terres nouvelles

Convoitées également par

Portugais Anglais Néerlandais Français

L'acquisition un siècle plus tard en 1643

D'une petite butte sur la plaine littorale

Par la compagnie de Rouen menée par Charles Poncet de Brétigny

Précédant de trois décennies

Le comte Jean II d'Estrée chargé par Louis le quatorzième

De rétablir la souveraineté française

Des mains de la Hollande et reprenant Cayenne

Le 21 décembre 1676 au terme d'une bataille mémorable

Caïenne terme de marine

Pour désigner le réchaud utilisé pendant le voyage

Cayenne

Dépôt de vivre dans les ports

Lieu de repos des rigueurs du voyage

Et le récit comme un conte

Racontant Cayenne fils du roi Cépérou

Chef de la tribu des Galibis

Amoureux de la jeune Bélem

L'entremise

Le recours au sorcier Montabo sollicité pour conquérir

Le cœur de la belle

Le héros franchissant monté sur un taureau

Les eaux tumultueuses du fleuve

La récompense des épousailles

Pour prix de son courage

PAPILLON

D'un vol à tire d'aile

De l'Ardèche à Madrid

En passant par la marine à Calvi

La mort de Roland Legrand

Dont on l'accuse

La condamnation

Le transporté de Saint-Martin de Ré

Par bateau au beau nom du Martinière

Les cellules en fond de cale

Avec une lointaine étape

En Amérique du Sud

Pour ce fils d'instituteurs

Prenant le chemin d'une drôle d'école buissonnière

Jusqu'à raconter le bagne

Le camp de la transportation

Saint-Laurent-du-Maroni

Les deux ans dans les cellules de réclusion

De l'Ile Saint-Joseph

Le camp forestier des cascades

Le pouce coupé

Henri Charrière

Le tatoué d'un papillon

Et le récit

De biographie romancée

Pour dire sa vie ou celle des autres

Les évasions

Le rôle d'aide infirmier

L'écoute des détenus

La cavale

Et jusqu'à Caracas

Pour une nouvelle vie

Le film de Franklin J. Schaffner

Comme une consécration

Dustin Hoffmann et

Steve Mac Queen

Le support de la pellicule

Pour passer à la postérité

Une forme d'héroïsme

Dans une situation limite

Un destin peu commun

L'aventure aux frontières de la vie

CHERCHEURS D'OR

De la boue plein les mains

Terre rouge

De colère et d'espoir

Mêlant la solitude au rêve

Dans la violence

Des situations extrêmes

Les hommes dans l'eau jusqu'à la ceinture

Le tamis

Le reflet doré captif de poussières ruisselantes

L'arme à la ceinture pour faire face à toute éventualité

Sans parler de la nuit

Trop brève au bivouac

Au village précaire

Prêt à quitter en hâte

A l'arrivée de la première patrouille venue

Le trafic

Les prostituées

Quelques paillettes quelques grains

Plus rarement de pépites

L'atmosphère de l'Or

Racontée par Blaise Cendrars

Loin de la poésie pourtant

La brutalité des concurrences

La solidarité parfois comme un impératif de survie

De ces hommes n'ayant plus rien à perdre

Emportés par la fascination du gain
La fin de la misère
En ligne de mire

FLEUVES-FRONTIERES

Pas de visa d'entrée

A présenter aux douanes

Pour ces immigrants cherchant fortune

Ou simplement un lieu où se poser

Géographie humaine

Reliefs et paysages

L'eau comme limite entre océan atlantique

Et fleuves quasi parallèles

Définissant à l'Est et à l'Ouest

Les bordures et les périphéries

D'un monde issu de l'aventure

De la lutte des puissances européennes

Les pirogues

Et les bateaux à moteur

Pour s'enfoncer dans le pays profond

A la recherche des bois précieux

De mines et de gisements

D'animaux sauvages

Et des populations indigènes

Moyens de communication

Et lieux de vie

Empruntant à la nature son énergie

Et au courant sa dynamique

Oyapock faisant frontière avec le Brésil

Maroni avec le Surinam

Inscrire sur les cartes
L'histoire d'un continent
La présence française
Au cœur de la rencontre des couleurs
Du vert de la forêt
De l'ocre de la terre
Et du bleu de l'eau à son embouchure

POULET AU CURRY

Soirée entre amis

Dans la maison d'hôtes

Punch frappé

Et repas partagé

Préparé par le maître de maison

Dans la cuisine au large passe-plat

Le poulet qui rôtit à la broche

Dans un four électrique de petite taille

Le riz versé dans l'eau bouillante

Le mélange des épices

Pour une convivialité sans ostentation

Un moment d'amitié vraie

Des paroles confiantes

Et comme accueillantes

Aux mots de l'autre

L'évocation des souvenirs

Ombre et lumière

La découverte aussi

D'univers différents

De saveurs exotiques

D'un agréable mélange de salé et de sucré

La table comme lieu privilégié de la rencontre

Du dialogue

Et de la fête

POISSONS

Sur les étals du marché aux poissons

Sur lit de glace

Les poissons de mer

Acoupa rouge

Rouget

Machoiran

Croupia

Requin

Raie

Courbine

Thazard

Croupia

Carangue

Mérou géant

Palika

Les poissons des fleuves

Patagai

Acoupa rivière

Couman-couman

Aimara

Loubine rivière

Pirai

Yaya

Tout un écosystème

Une diversité de la faune

Et pour les hommes des formes de pêches

Jusque sur la table

De la gastronomie

Et des plats de chairs grillées

Bouillies

Aux saveurs indicibles

Accompagnées de riz et d'épices

LE CHAT DANS LE SOFA

Le chat s'étire

Et allonge ses pattes

Faisant apparaître ses griffes

Au fauteuil de rotin

Le chat ronronne

Sur les coussins

Couverts de toile verte

Ignorant

Le bruit environnant

Le chat baille

Bouche béante

Dans un accès de détente

Et de relâchement

Le chat lape

Dans la coupelle

Le lait

Versé pour lui

Comme une douceur délicate

Et sucrée

Le chat se lèche

Dans le sofa

Faisant toilette

Des poussières et des impuretés

En son pelage retenues

Le chat se frotte

Les moustaches
Avec ses pattes antérieures
Dans un profond contentement
Et retrouve
Le temps ayant passé
L'allure altière
Et détachée
De ses origines

EVECHE

Rendez-vous avec Mgr Emmanuel Lafont
Qui fut curé dans le township de Soweto, Johannesburg
De 1983 à 1996
Aujourd'hui Evêque de Guyane
Petit homme sec
Et bienveillant
A la barbe rase
Au regard lumineux
Préparant le café à ses hôtes
Homme de Dieu
De retour de pèlerinage
Préparant de futures conférences sur Vatican II
Sur la table déposant
Devant nous les actes du Concile
La parole juste
En Guyane une présence d'Eglise
 Comme une continuité
Depuis les missionnaires jésuites
Des origines
Jusqu'aux sœurs en congrégation
De Saint-Joseph de Cluny
Installées près de Mana
Mémoire remarquable d'Anne-Marie Javouhey
La prière au cœur de la forêt vierge
La chemise grise au col de clergyman

Le sourire

La profondeur des réflexions

L'attitude généreuse et rigoureuse

D'un homme bien dans sa peau

En harmonie avec son ministère

Au milieu de prêtres

Haïtiens pour certains

D'une trentaine de prêtres au total

De toutes nationalités

Dans la diversité des charismes et

Des parcours de vie

TISSAGE

Au marché couvert

Les stands d'artisanat

Entre bois sculptés

Travail du cuir

Exposition de tissus

Une déambulation tranquille

Comme la découverte d'un nouveau monde

De sourire

Et d'exubérance

Le dialogue avec les petits vendeurs locaux

Jeunes et vieux

Faisant cause commune

Pour promouvoir leur art

Le souhait de rapporter

Un souvenir

L'achat d'une pochette

Tissée

Aux couleurs vives

De rouge de vert

De noir et de jaune

Patient travail du fil

Sur cadre

Va-et-vient des navettes

Qui glissent sur l'ouvrage

En cours de réalisation

L'affaire conclue

Après discussion du prix

L'objet placé dans un petit sachet de plastique vert

Lorsque tissage rime avec métissage

INFIRMIERE

Au terme de trois années d'études

L'accès à un métier

Infiniment estimable

Dont la pâte est humaine

Une sorte de vocation

Pour aller soigner de maison en maison

Anciens et jeunes

D'un quartier à l'autre

Répondre aux appels

Identifier l'urgence

L'accident imprévisible

Ou traiter la maladie chronique

Comme une sorte de compagne

Au long cours

Quelque chose qui vous habite

Quelque pharmacopée

Pour dysenterie

La précision du geste

Le diagnostic sûr pour discerner

La crise de paludisme

La suspicion de Sida

La maladie défiant la santé

L'affection la guérison

Le soin des plaies qu'on dit variqueuses

La fièvre jusqu'à délirer

L'enfance purulente

Etre infirmière en libéral

En douce ou rude

Normalité

La mobilité impérieuse

Et la voiture comme une urgente nécessité

COHABITATION

Un même lieu

En étrange proximité

Pour deux Eglises dissemblables

Et pourtant cohabitantes

Au fond du campus universitaire

Coexistence de catholiques intégristes

Genre Fraternité Saint-Pie X

Et de l'Eglise réformée de Guyane

L'une accueillant l'autre

Comme deux arcs de styles différents

Au bruit de l'air agité par les ventilateurs

Célébrant la diversité des cultes

Et des fidélités

Des traditions et des novations

Adoration du saint-sacrement

Contre repas de la Cène

Psaumes de Clément Marot

Contre litanies des missels

Présence réelle garantie par le geste du prêtre

Contre présence virtuelle du Fils

Et sur la porte de la sacristie

Ouvrant dans l'espace du chœur

Cette étrange mise en garde

Attention : Jésus est là

(On ne sait pas si c'est derrière la porte)

Habillez-vous correctement

Comportez-vous bien

Recueillez-vous

Autant de conseils péremptoires

Pour une communauté chrétienne

En forme d'Eglise universelle

 Qu'il faut

Au moins pour l'essentiel

Considérer comme dévouée et fidèle

DROGUE

La nuit est tombée sur la ville

Et l'activité change de nature

Se risque sur d'autres rives

Entre le noir et le rouge

A quelque distance du centre

Et de son animation tardive

La musique des restaurants

Les lumières des vitrines

Aux volets tirés

De la place

Dans les rues adjacentes

Les jeunes désœuvrés se livrent aux trafics

Les plus divers

Au deal

Tandis que le bruit du moteur des mobylettes

S'estompe

Dans le souffle des transactions illicites

De la vente du cannabis

Des pastilles de crack

Et du subutex comme substitut

Sur le trottoir

Tandis que derrière les murs

De maisons insalubres

Se rassemblent

Quelques groupes

A la poursuite de paradis artificiels

De rêves interdits

Et passibles de poursuites judiciaires

Le vol

Le recel

La prostitution à la clé

Pour quelques euros de plus

De quoi

Tenir quelques jours

Jusqu'aux prochaines transactions

Dans la douleur

Des dépendances

Lorsque les mains tremblent

Du manque

L'overdose comme acte enfin libérateur

CONGREGATIONS

1666-1764

Un siècle de présence jésuite

Entre monopole spirituel

Et exploitations agricoles à vocation économique

La découverte du nouveau monde

Et son appropriation

La pastorale des colons

Des esclaves comme d'indispensables supplétifs

Les enjeux agricoles et fonciers

Les impératifs de la production agro-industrielle

Sucrière

Rocouyère

L'élevage du bétail

Tout ceci en un site

L'Habitation Loyola à Remire

Et d'autres implantations

A Maripa et Saint-Régis

L'expulsion des jésuites

La fin provisoire d'un projet missionnaire

Consistant à étendre la chrétienté catholique

Dans les limites de la terre habitée

Un livre arrachant à un continent

Un site de plusieurs dizaines d'hectares

Objet aujourd'hui de recherches archéologiques

De fouilles

Et de travaux d'archives

De publication pour l'histoire

La connaissance du passé pour instruire le présent

De ses violences

De ses espoirs

De ses contradictions

CLIO ROUGE

Repas de samedi midi
Dans l'un des restaurants branchés
Salle donnant sur la place
Sorte de brasserie pour étudiants et habitués
Terrasse sur la cour
Comme un privilège de pouvoir
Venir là se restaurer
Boire l'apéritif
Poursuivre avec un tartare-frites
Câpres et ketchup
Parler à bâtons rompus
Mais avec retenue
Feuilleter et commenter le magazine gratuit
Trouver l'info
De l'activité commune
Correctement relayée
Insérée comme une brève
Le regard attiré par la belle voiture rouge
Rutilante
Garée sur l'allée
Comme sur un écrin
Jantes alliage
Vitres teintées
Pot d'échappement chromé en option
Sellerie de cuir noir

Un véhicule haut-de-gamme

Offert en tombola

En une sorte de pari

A celui qui gagnera

Publicité

Comme pour un produit d'appel

A près de vingt-mille euros

La Renault Clio

Exposée

Vous souvenez-vous de la première fois

Impression passagère

Promotion des marques automobiles

EQUATEUR

Définition sur Wikipédia

A partager sans modération

L'équateur comme parallèle

Ligne imaginaire tracée autour de la terre

A mi-chemin de ses pôles

Séparation entre l'hémisphère nord et l'hémisphère sud

Latitude zéro degré

Grand cercle

Intersection de la surface de la terre

Avec le plan perpendiculaire

A son axe de rotation

Et contenant son barycentre

De quoi rêver d'aventure

Et de tour du monde en moins de quatre-vingt jours

Jules Verne pour bande dessinée

La géographie célébrée

Par la danse joyeuse

De la dérive des continents

Emportés dans le souffle doux des alizés

EAU COURANTE

L'eau courante est une bénédiction

Elle est aujourd'hui gérée par l'Office de l'eau

Son arrivée à Cayenne fut l'objet de grands projets

De grands travaux d'adduction

Depuis la retenue des lacs de Rorota

Commune de Montjoly

Jusqu'à Cayenne

Captages

Forages

Traitement

Distribution

Quatre fontaines pour desservir la ville

Dumez

Merlet

Celle à l'angle du boulevard Jubelin

Et de l'avenue De Gaulle

Fontaine Tardy de Montravel

Quarante-et-unième gouverneur de la Guyane

Inaugurée Place Léopold Heder

Face à l'hôtel de la Préfecture

En avril 1867

L'hygiène comme un impératif absolu

L'eau de boisson

Comme une condition de la santé

En ces territoires ouverts à l'avenir

Au développement
Et au défi de l'extension prévisible des zones urbaines

MAISON DE DREYFUS

L'affaire est passée à la postérité

Jamais l'on ne reviendra en arrière

Ni n'oubliera

L'une des grandes déchirures

De l'histoire de France

La honte

Puis la réhabilitation

Hommage à Alfred Dreyfus

Face à ses accusateurs

La dégradation

Et la déportation

A l'Ile du Diable

Une des Iles du Salut

Où il séjournera de 1895 à 1899

Pour l'expiation du crime pour lequel il a été condamné

La case des gardes

Et la case en pierres du banni

De l'ancienne léproserie

La mise aux fers

La double boucle

La clôture d'isolement

Pour celui qui

Accepte tout

Subit tout

Bouche close

Vivre encore

Pour vouloir son honneur

Son bien propre

Le patrimoine de ses enfants

Mille lettres

Pour qu'on fasse enfin la lumière pleine entière

Derrière soi tout un passé de devoir

Tandis qu'à Médan

Se transmet le lien essentiel

Entre Emile Zola

Et le capitaine

IMMEUBLE FRANCONIE

Trois générations se succédèrent

Dans cette vaste maison créole

Aujourd'hui Musée départemental

Et bibliothèque

Etienne Franconie

Assurant l'intérim

Entre les gouverneurs Burnel et Hugues

Pacifiant la contrée par quelque intuition géniale

Notamment celle d'embarquer l'impopulaire gouverneur

Alexandre Franconie

Commerçant

Erudit

Humaniste

Attaché aux valeurs républicaines

Accueillant Charles Delescluze

Républicain déporté politique

Pendant deux ans à son domicile

Jusqu'à son amnistie

Qui en fit le précepteur de son fils

Et légua l'immeuble à la collectivité

Gustave enfin

Député de Guyane pendant dix-neuf ans

Une forme de record

En ces temps incertains

Musicien doué

Et homme de dossiers

L'industrie aurifère

L'immigration

Votant pour les lois scolaires

Et contre le projet de loi restreignant

La liberté de la presse

La mort aux Antilles à bord du Normandie

Le patronyme indéfiniment lié

A cet immeuble d'angle

Aux volets gris

Contrastant avec les façades roses

Et les toits de tôle ondulée

Rouge

Comme les convictions de ses anciens propriétaires

CHAPELLE DE L'ÎLE ROYALE

Chapelle construite en 1854

Sur l'Île royale

Messe du dimanche obligatoire pour les forçats

Qu'ils soient fidèles ou récalcitrants

Homélies en forme de leçons de morale

Dans l'espoir illusoire de les voir s'amender

Façade en blocs de latérite taillés

Chaînes en pierre de taille

Alternant avec les cloisons en bois

Avec lames ventilantes ou claustras en briques

L'impératif touristique

Et la sécurité

Des lancements exigeant

La remise à niveau du gros œuvre

La restauration des fresques sur bois

Du peintre faussaire Francis Lagrange

Îles du Salut

Acquises par le Centre national d'Etudes spatiales

Pour l'installation des technologies

Les plus remarquables

Le Cinétélescope K400

Pour visualiser et filmer

Les phases de vol

Jusqu'à perte de vue optique du lanceur

Un point commun

Le ciel

Pour origine et pour destination

HOTEL PREFECTORAL

Alignement de colonnades en façade

Pour ce bâtiment imposant

Patrimoine à destination variable

Selon les époques

Marquant ainsi la fluidité des temps et des moments

Qui relient l'histoire des colonies

A l'époque contemporaine

Et évoluent au rythme des besoins des administrations

Couvent des Jésuites

Pour destination initiale

Au milieu du 18ème siècle

Hôtel du gouvernement

Au début du 19ème siècle

Puis hôtel de préfecture

A partir de 1947

Illustrant ainsi une forme de stabilité

Celle du lieu de décision

De la symbolique aussi

Des bureaux et des hiérarchies

Des uniformes

Et des fonctions honorifiques

Assorties de toute l'autorité nécessaire

De l'état

De la métropole

L'éloignement du fait de l'absence de télécommunication

Aujourd'hui surmontée par le recours aux technologies
numériques

Aux téléphones cellulaires

Aux liaisons par satellites

L'instantanéité

En rupture avec la lenteur du temps

L'empire le contestant à la République

Treize colonnes monumentales

Pour un aménagement en péristyle

Les bureaux

Les salons

L'envie de découvrir l'activité qui s'y déploie

Et de prendre sa part de l'aménagement du territoire

Le sentiment d'être dans un pays

Dont l'avenir n'est pas encore tout-à-fait écrit

LE ROCOU

En latin Bixa orellana

L'arbre à rouge à lèvre

Rien que ce nom m'amuse

Pour cet arbuste

Au feuillage persistant

Affectionnant les sols humides

Aux feuilles en forme de cœurs

Couvertes d'un fin duvet de couleur rouille

Fleurs roses et blanches

Ramassées en grappes pyramidales

Fruits colorés d'un rouge intense

Tels plumeaux couverts de petites épines

Renfermant en capsules de multiples graines

Chacune isolément comme autant de puissants colorants

Colorant alimentaire aussi

Végétal aux vertus curatives

Crème solaire naturelle

La taille en fin d'hiver

Au regard la découverte

FEVE TONKA

Fève noire contenue

Dans le fruit du teck

Bois dur

Gaïac de Cayenne

Ridée

Oblongue

Epice pour l'art culinaire

Aux arômes chauds et intenses

Aux notes de caramel

Vanille et amande

Se râpant telle une noix de muscade

En version salée sur Saint-Jacques

Ou sucrée dans le chocolat

La crème brûlée

Ou sur des poires

Un régal de saveur

A mettre avec parcimonie

Ni trop

Ni trop peu

L'aventure gastronomique

Comme un cadeau de la nature

Du Brésil au Venezuela

RANDONNEE A MOTO

Sous un soleil de plomb

L'aventure en deux-roues

Le casque

Les gants

La combinaison de cuir

Les bottes

Pour une randonnée peu commune

Celle de passionnés

Ayant choisi l'altruisme pour viatique

Le handicap

Comme blason

La non- voyance comme compagne

Pour faire découvrir le relief et les courbes

Sentir le vent croître

Au fur et à mesure qu'augmente la vitesse

Le passager serré contre le conducteur

Les mains autour des reins

Une sorte d'épopée

Au bruit de fond caractéristique des gros cubes

La souplesse du passage de vitesse pour donner confiance

La sensation grisante

D'une jolie complicité

Pour une communauté au gros cœur

Capable de donner du temps

Sans compter

De la joie à discerner sous les yeux abîmés

Le sourire oublieux

Des tracas et des marginalités

OYAPOCK

Les voies navigables ne font jamais frontière

Elles relient

Et sont autant de voies de communication

Sept cents kilomètres

C'est la longueur de la frontière de la France

Avec le Brésil

Dont quatre cents kilomètres de fleuve

Depuis 1713 et le traité d'Utrecht

Deux rives analogues

En terre latéritique

Et végétation dense

Baignées par le fleuve couleur de terre

Ici Saint-Georges de l'Oyapock

Là Oiapoque

Un pont relie désormais les deux villes

Les deux pays

Là où seul un bac faisait fonction

En rotation régulière

Large route côté français

Route étroite côté brésilien

Géopolitique dit-on à l'échelle régionale

De ce continent sud-américain

Le saut Maripa comme curiosité à découvrir

La source dans l'état d'Amapa

Et pour régir les relations administratives

Contrôler les flux migratoires

Surveiller les trafiquants

Gérer les liaisons commerciales import-export

Les postes frontières de Saint-Georges et Camopi

MADRAS

Sourire adolescent des jeunes filles noires

Et des femmes

Vendant de l'artisanat

Au marché couvert

Portant fichus aux couleurs vives

Les tissus accrochés aux étals

Etoffes à chaîne de soie

Et à trame de coton

A carreaux

A rayures

Rouge orange jaune

De texture simple et froissable

La clarté jouant dans les fibres

Aux regards la gaieté rayonnante

La pauvreté omniprésente

Transfigurée par les rais de lumière

 S'insinuant sous les tôles

Textiles

Portant le nom de la capitale de l'état du tamil Nadu

Evocation de l'Inde des colonies anglaises

L'ancien village de pêcheurs

Passé à la postérité

LITTORAL

Rencontre de la terre et de la mer

L'océan indompté

Et le ciel couvert

Pour cet étrange paradis

Où se vit la rencontre des cultures

Et des minorités

Les métros allant

En famille

Jusqu'aux Iles du Salut

Jouir de leurs eaux turquoise

Et leurs hauts palmiers

Pour les sorties dominicales

S'éloigner

A quelque distance du littoral

Balayé par les courants

Et comme chahuté

Les vagues colorées d'un brun opaque

La côte

Recueillant les alluvions des fleuves

En succession de terres

Image de la succession des minorités

Qui s'installent

Se mélangent

Et se renouvellent

VIANDE BOIS

Point d'emballage plastique
Au rayon des supermarchés
Pour ces mets acquis au fusil de chasse
Point de passage en caisse
Pour paiement par chèque ou par carte bancaire
Celui qui a vu Cayenne
Mais n'a pas goûté au pécari
A l'agouti
N'a rien vu
Il ne connaît pas la saveur faisandée
De ces repas de viande
Gagnée au cœur de la forêt
De ces morceaux charnus
Accommodés en fricassées
Avec cœurs de palmiers
Prélevés à la machette
Petits restes d'une haute tige
Qui font le régal
Des touristes
Ou des aventuriers
Et améliorent l'ordinaire
D'une économie non marchande
La convivialité en prime

SEANCES DE TRAVAIL

Réunions successives

Echange d'analyse et partage d'information

Les dossiers sur la table

Les rapports intermédiaires

Et l'appréciation sur la constitution des équipes

Les possibles synergies

Les nécessaires complémentarités

Au bruit de l'horloge égrainant les heures tardives de la nuit

La saisie des données

La prise de notes

L'accueil des intervenants et des responsables

Se succédant

Pour faire le point

Sur la situation présente

Dire leurs incertitudes

Dresser joyeusement l'état des lieux

En prenant acte des réussites passées

Discerner les perspectives d'avenir

Pour l'historique communauté réformée

En croissance

En quête d'un nouveau lieu de culte

Ouvert à la culture

Et à la solidarité

ANTENNE RELAIS

Sur la colline qui domine la ville
Se dresse l'antenne relais
Réseau
Pour téléphones portables
La voix
L'image
Enjeu des télécommunications
Dans un contexte
D'urbanité
Pour mettre les personnes en relation
Transmettre les données
Joindre les professionnels
Les professions libérales
Tisser du lien
En répondant aux besoins
De chaque génération
Promouvoir le contact
La technique au service de l'humain
Briser l'isolement
La solitude des anciens
Faire un trait d'union entre les collégiens
Se donnant par SMS rendez-vous
Autour de la baraque à glaces
De la place
Mettant à jour leur page Facebook

Gazouillant sur Twitter

L'horizon ouvert aux limites du monde entier

Au carrefour des destins individuels

Et des destinées collectives

ALACRITE

Moment de bonheur sans fard

Gaieté de la rencontre sur la terrasse

Allégresse du partage et des chants

Contentement des convives

Joie des enfants

Liesse de la communauté réunie

Enjouement des conjoints

Jubilation comme une carte blanche donnée au rire

Entrain des amis attablés

Exultation du maître des lieux

Hilarité des collégiennes

Jovialité des anciens

Amusement des anciennes

Plaisanterie lancée à la cantonade

Badinage élégant

Réjouissance par anticipation

Rigolade au manège de la fête foraine

Gaîté franche des acteurs d'un projet accompli

Alacrité pour épilogue

PLACE DES AMANDIERS

L'océan s'est retiré

L'on n'ira plus pêcher sur la jetée

Ni marcher

En front de mer

La lune a appelé à elle les éléments

Entraînant à sa suite

La végétation basse

De telle sorte

Qu'il ne reste plus que les panneaux priant le visiteur

De faire attention aux berges et au rivage

Ceux-ci s'étant retirés loin du regard

Avec ses amandiers en fleurs

La place demeure pourtant

Le lieu des rendez-vous

Des rencontres

Sorte de meeting-point

Proche de l'école privée

L'endroit des convivialités

 Des retrouvailles

Et de la gastronomie

Aux oreilles attentives

L'on entend encore comme l'écho des fanfares

De la fête se produisant

Au Kiosque à musique aménagé en son centre

Pour les visiteurs de passage

Ou les habitués
Un lieu de détente agréable
Où se poser
Rêver
Et lâcher prise
Toucher au but
Dans la sagesse des jours

Table des matières